Septembre

Du même auteur :

Vous dire, en passant...
Editions BoD-Books on Demand

1914-2014 Centenaire de la Grande Guerre : Hommage
illustrations Jean-François GALEA
Editions BoD- Books on Demand

Disponibles en librairie

André Nébon

Septembre

Poésie

© 2014, André Nébon
Éditeur : BoD - Books on Demand,
12/14 rond-point des Champs Élysée, 75008 Paris
Imprimé par BoD - Books on Demand GmbH, Norderstedt, Allemagne
ISBN : 978-2-322-01196-4 Dépôt légal : janvier 2015

De l'autre côté de la colline.

Il pleut

Le ciel est méchant ce matin !
ne t'en va pas si tôt, le froid est vite pris,
sinon, d'un chaud manteau, recouvre tes épaules
tu es fragile encore, méfie-toi du vent d'est.

Les lourds nuages noirs froncent leurs gros sourcils,
ce n'est pas aujourd'hui que le soleil, fâché,
viendra, comme tu aimes, adoucir tes instants ;
reviendra-t-il demain ? Je sais que tu l'attends.

As-tu chaussé tes pieds de souliers qui protègent ?
Les sentiers sont peu sûrs par ce temps incertain,
ils auraient vite fait de te glacer le sang
ne t'éloigne pas trop, tu sais que je t'attends.

Je vais dresser dans l'âtre, pour un feu qui rassure,
quelques bouts d'un vieux bois bien leste à crépiter,
et la douce chaleur du foyer, renaissante,
viendra, jusqu'aux chevrons, préparer ton retour.

Taisons-nous !

Un enfant, ce matin, est devenu un ange.
Quelques larmes, du ciel, sont venues l'annoncer.
Quelques gouttes éparses, tombées en messager,
pour nous dire combien notre vie est étrange.

Pourquoi donc un enfant, pourquoi un innocent
à peine ouvert au monde pour déjà l'en priver ?
Immaculé dormeur dans sa vie achevée
au destin emporté avant qu'il soit naissant.

Taisons-nous !
Taisons-nous !
Avons-nous bien le droit, avons-nous bien raison,
de nous plaindre, souvent, pour quelques maux futiles,
d'espérer attirer, vers nous, la compassion
qui ne dure, on le sait, qu'un instant volatile ?

Taisons-nous !
Taisons-nous !
Détournons nos regards de notre Moi profond,
que valons-nous vraiment, par rapport à l'enfant,
à ce pur angelot, cet être, cet oison ?
Valons-nous, le croit-on, plus cher que lui, vraiment ?

Un enfant, ce matin, est devenu un ange.
Quelques larmes du ciel, sont venues annoncer
que nos plaintes insensées, qu'il peut enregistrer,
ne valent pas iota dans le monde des Anges.

Les diamants de l'aurore

Les diamants de l'aurore parsemés aux corolles,
étoiles oubliées, richesses de la nuit,
pigmentent les velours, matinales lucioles,
éphémères apparats des reines, puis nous fuient.

Profiter de l'instant, du moment magnifique,
avant que perles douces ne ruissellent en gouttes
pour lire en leur profond le reflet- seul, unique-
des rêves et images venus des nues dissoutes.

Là, parvenir aux secrets, aux mystères sublimes,
accéder aux messages que seuls cœurs inspirés
abordent, délicats, pour en cueillir les rimes
et les semer au vent des âmes libérées.

Toi que les mots inspirent place-les en écrin,
ils sont l'émanation, parfois, d'obscurs présages ;
qui les croit laconiques, qui les croit anodins,
qui croit les maîtriser ne se montre pas sage.

Tout au fond des diamants, richesses bienvenues,
quand on sait bien les lire, quand on sait profiter,
quand l'ego est capable d'un peu de retenue,
il pourra découvrir le mot le plus sacré : Humilité.

Quand vient le jour

Déjà l'oiseau chasseur a regagné son aire
le sombre de la nuit cède tout doucement
au rôle irrépressible de l'aube qui libère
une brume légère sur les prairies et champs.

C'est là et à cette heure, sur l'humide chemin,
que mes pas me conduisent pour jouir du silence,
profiter des senteurs, lorsque naît le matin
arômes singuliers aux infinies nuances.

Effluves d'herbes et de bois, de terroir imprégné,
odeurs que je reconnaîtrais au milieu de cent mille
parce que marquées au cœur par tant de nuits passées
pour attendre, jadis, un jour-en-nuit subtil.

Mes pas, sans les mener, me guident de mémoire,
ventousés, çà et là, par l'attachant sentier,
me portent lentement retrouver mon histoire
le long de cette voie si chère aux chevriers.

Je sais, je me souviens, que dans très peu de temps,
un orange naissant baignera le plein est
aurore en ses couleurs, je l'espère, l'attends
sous mon abri de chênes, ô cet instant céleste.

Plus haut, les oiseaux diurnes s'ébrouent hors de leur nid,
je m'amuse à compter les perles aux brins d'herbes,
les portées de l'année piaillent en zizanie
la fraîcheur du matin annonce un temps superbe.
Rentrons !

N'attends pas !

N'attends pas, ne tarde pas,
chaque seconde de ton absence
est une éternité, un monde sans soleil.
N'attends pas, ne tarde pas !
chaque matin où tu n'es pas
est un matin sans joie, un matin sans réveil.

N'attends pas !
et ma vie sourira comme un jour de printemps,
devant le merveilleux, irrésistiblement,
comme les chants d'oiseaux désormais revenus,
comme jaillit la source trop longtemps contenue.

N'attends pas !
et mon âme endormie renaîtra de lumières,
mes larmes assagies ne seront plus rivière,
mon corps trop longtemps seul, mon corps, mon pauvre corps,
se fera arc-en-ciel aux couleurs blanche et or.

N'attends pas, ne tarde pas !
chaque seconde sans ta présence
est autant de douleur, un mal profond qui tue.
N'attends pas, ne tarde pas,
et mon cœur chantera comme chante le ciel,
le jour s'en reviendra illuminé de miel
et je crierai ton nom pour que l'écho lointain
soit le bruit de ton pas à l'entrée du jardin.

La ruelle

En plein cœur de Pertuis village,
où nombre d'âmes vivent,
existe un tout petit passage
connu de tous, de chaque rive.
Des plus anciens jusqu'aux novices
ils ont gardé de ce couloir
des souvenirs de leurs prémices
aux jeux câlins ; ceux dans le noir.
Quand ils empruntent ce chemin,
fatalement deux fois par jour,
les gamins qui vont à l'école
ont hâte de grandir un jour.
Ils y viendront à deux le soir
lorsque la nuit sera complice
avec chacun, au cœur, l'espoir
que nul ne trouble leurs délices.
Combien de tendres et doux débuts
se sont faits jour dans cette rue,
de rendez-vous tant attendus
où l'un et l'autre s'allaient émus ?
Cette traverse bien nommée,
pour sa destination connue,
porte le sceau bien émaillé
qui s'affiche, au coin, bien en vue :
"L'Androuno di Calignaïrès" !
C'est le nom de cette ruelle,
c'est le label si bien donné
à ce lieu où s'égaient dentelles.
Tout droit venus du Provençal
ces mots qui sonnent le ciel bleu,
cette venelle sans égal
c'est la "Ruelle des Amoureux".

La rivière

Tu contemples la plaine et la rivière, en bas,
dans son méandre lourd regarde ton visage
pour voler son reflet et en faire un otage
comme on prend le précieux en le gardant pour soi.

La rivière est ainsi, elle défile fière
s'octroyant les trésors de ses rives asservies
et de ceux qui l'attendent et de ceux qui l'espèrent,
elle fait un trophée puis, pourvue, elle fuit.

Elle s'en va plus loin chargée de ses richesses,
rejoindre d'autres bords, abreuver d'autres cours,
porteuse des images glanées sur son parcours
soient-elles d'un mortel ou bien d'une déesse.

Ne te penche pas trop, ma douce Béatrice,
que serais-je sans toi si la Durance, en bas,
emmenait au très loin tout ce qui fait ma joie,
mon cœur ne saurait pas survivre à ce supplice.

Ecoute-moi !

Écoute-moi,
Je te raconterai comment faire un royaume,
comment on peut construire, à nous deux, le bonheur,
je te raconterai comment n'avoir plus peur,
comment d'un simple rêve une vie se transforme,
je te dirai : je t'aime !

Ecoute-moi,
Pour toi j'inventerai ce qui n'est plus possible,
tu pourras espérer ce qui n'est plus permis,
il n'y aura plus d'hier, il n'y aura qu'aujourd'hui,
je mettrai à tes pieds ce qui est inaccessible,
je te dirai : je t'aime !

Écoute-moi,
je fermerai les yeux pour m'imaginer riche,
riche, je le serai, si tu veux bien de moi,
je fermerai les yeux, et il apparaîtra
un château, un palais, là où n'étaient que friches,
je te dirai : je t'aime !

Écoute-moi,
nous ferons un voyage au pays de sirènes,
bercés aux quatre vents je te raconterai
qu'il existe en mon cœur, encore inexploré,
un domaine sans fin dont tu seras la Reine,
alors, peut-être alors, tu me diras : je t'aime !

Que septembre vienne !

Pourquoi ? Je ne sais dire,
l'été m'entrave un peu.
Ma plume veut écrire,
mon esprit ne le peut.
La trop grande clarté
le soleil, la chaleur,
ne sont pas les alliés
du pauvre conjugueur.
Ô que septembre vienne !
que vienne la douceur
de cette saison mienne,
que viennent ses couleurs.
Je sais que l'encre sèche
retrouvera sa vie
et que des lignes fraîches
renaîtront à l'envi.
Les odeurs des sous-bois
revivront en bouquets,
le sec n'aura plus loi
sur chemins et bosquets.
Mes plages délivrées
des grappes vagabondes
reviendront, libérées,
à la douceur de l'onde.
Et là, venu le soir,
dans le silence aimé,
je m'en viendrai revoir
ma méditerranée.
Ô que septembre vienne !

Pour ton amour

Pour toi, pour ton amour,
j'irais vivre l'enfer au bout d'un monde en feu,
je damnerais mon âme abandonnant l'espoir
de recouvrer ma vie, si tel était l'enjeu ;
je donnerais mes yeux pour que tu puisses voir.

Je pourrais, si tu veux, ressusciter les sources
taries depuis longtemps, pour qu'à nouveau explosent
leur flot et leur chanson en reprenant leur course,
emportant jusqu'à toi un flux d'apothéose.

J'arracherais aux nues ce qui fait leur splendeur
afin que tu demeures la seule à éblouir
j'arrêterais ton temps, je figerais tes heures,
tu ne connaîtrais plus le sens du mot vieillir.

S'il le fallait, pour toi, rien que pour ton amour,
j'écrirais mes couplets par le sang de mon corps,
mes larmes de bonheur fleuriraient leur contour
afin de t'en offrir le plus beau des décors.

Si tu voulais tenir cette étoile brillante,
première de la nuit à ouvrir le chemin,
j'irais te la cueillir, cela ne m'épouvante
nullement, crois-le bien, que d'y tendre la main.

Me demanderais-tu de bouleverser les pôles
que, plus fort que le Grec, sans aucun point d'appui,
j'inverserais le cours du nord sur les boussoles,
je renierais mon sud, l'inscrivant à minuit.

Pour toi, pour ton amour,
je deviendrais le peintre de qui l'inspiration
sublimée par ton être, atteindrait le génie ;
sur mes toiles créées, comme une apparition,
le miracle d'un art, la splendeur infinie.

Je deviendrais, tout ça ! je ferais, je pourrais,
j'écrirais, je peindrais, et s'il ne suffit pas,
je serais, plus encore, en toute humilité,
celui qui veillerait, sur toi, sur chacun des tes pas.

L'unique fleur

Un jour je reviendrai ; une nuit, un matin,
je trouverai les mots pour alors t'expliquer
qu'il me fallait partir, faire un bout de chemin,
pour aller au-delà des mers et des vallées
chercher la fleur unique qui ne fane jamais,
dont le parfum tenace trouble jusqu'à l'ivresse
en offrant sa corolle au duvet étoilé
à qui sait pressentir y trouver ses promesses.

Elle est, selon l'écrit, l'ornement prodigieux,
l'étonnante splendeur qu'aucun effet n'altère,
on la dit à foison sur les autels des Dieux
nul humain n'a saisi ce trésor solitaire.
Certains se sont perdus dans cette quête obscure
je sais ! mais une force est là que je ne peux fléchir
me poussant à savoir, malgré maux et blessures,
renoncer à ma quête ce serait me trahir.

Je la veux rien qu'à moi, cette fleur remarquable
la cueillir, la tenir, m'enivrer de l'arôme
qu'elle offre aux Éternels- sa beauté ineffable-
devenir, parmi eux, élu de leur royaume.
Un jour je reviendrai et je veux, dans ma main,
t'apporter la raison d'une aussi longue absence,
t'offrir un plein bouquet aussi doux que satin
pour fêter mon retour et louer ta patience.

Si je ne parviens pas au but de ma hantise
je m'en retournerai au point de mon départ
pour trouver, près de toi, ce que ma convoitise
me faisait chercher loin, hormis sous mon regard.

L'absence

Comme le vent se joue du temps
les feuilles mortes glissent au néant
inamovible, irrésistible cheminement.
Une maison n'est plus grand chose
s'il n'y résonne qu'un seul pas,
quand au salon même les roses
virent à l'automne, au désarroi.
Vivre l'absence,
rechercher la présence,
espérer, supposer, vouloir !
Vivre l'absence,
retrouver l'espérance
dans un bruit, frôlement, savoir !
C'est comme un film dans la mémoire
une rencontre, des jours, des nuits,
jusqu'à l'ultime, puis c'est le noir, l'ennui.
L'apercevoir dans chaque pièce
comme un mirage familier,
au bout des doigts une caresse
mais le visage disparaît.
Vivre l'absence,
vivre sans la présence,
sans écho, sans ses yeux, sa voix.
Vivre l'absence,
mesurer l'importance
d'un départ sans un au revoir.
Comme le vent se joue du temps
les heures mortes glissent au néant
dans l'inconnu, l'irrésolu, l'incohérent !

Mon amie

Entends-tu, mon amie, comme un hymne feutré,
le chant de cette source honorant ta beauté ?
Cristal liquéfié émanant des tréfonds
en un jaillissement qui ressemble à ton nom.

Les fleurs de ton jardin se courbent à ton passage
indéfectiblement soumises à ton image ;
et le temps, et la vie, ne sauraient te flétrir
sans risquer l'affliction, sans risquer de s'honnir.

Marche, vole légère, senteur évaporée,
insouciante feuille parcourant tes allées,
ris de ta voix céleste, éclate ton bonheur,
cueille les roses rouges, pose-les sur ton cœur ;

nulle ne piquera gardant, pour te défendre,
l'acéré bouclier que leur fierté engendre.
Et le jour finissant, et le soir revenu,
mêleront à ta joie des effluves inconnus.

Entends-tu, mon amie, provenant du sous-bois,
le cri mystérieux de cet oiseau de proie ?
L'appel nocturne et bref du chasseur solitaire
ne pleurerait-il pas, privé de ta lumière ?

L'ombre tant redoutée, par tout être vulgaire,
s'éclaircit sous ton pas, se fait hospitalière,
et la nuit, doucement, s'entrouvre sur ta voie
en un chemin certain, étoilé, fait pour toi.

Entends-tu, mon amie, comme un hymne feutré,
une voix qui te dit que sans toi rien n'est vrai,
qu'il n'y a pas d'existant digne de ton reflet
entends-tu cette voix qui ose t'avouer ?

Cette voix, mon amie, empreinte d'espérance,
peut-être trop émue pour montrer l'éloquence,
que quelque hésitation, dans le propos, aliène
cette voix, mon amie, cette voix est la mienne.

※

L'automne est ma maison

L'automne est ma maison,
l'automne est ma saison.
J'y suis comme chez moi sous les pampres vieillis
par les lunes écoulées, les étapes effacées, les sèves affaiblies
et j'en hume à pleine âme les bouquets mystérieux
dont les parfums, mêlés, touchent au somptueux.

L'automne est mon hameau,
l'automne est mon berceau.
J'y suis né un dimanche, une nuit de douceur
et depuis cet instant, j'ai l'automne en mon cœur.
Si calmes sont mes jours en ce temps qui est mien
colchiques et glaïeuls peuplent mon quotidien.

Il ne fait plus si chaud quand l'été du Midi
a cessé son bivouac, engagé son repli ;
le froid encore bien loin, c'est un entre-les-deux
qui rend jours et soirées légers, voluptueux.

C'est l'instant idéal pour les Pierrots rêveurs
pour ceux qui, sans bouger, voyagent dans l'ailleurs,
dont l'encre de la plume sait trouver l'indicible
pour amener nos yeux plus loin que l'invisible.

L'automne est mon abri,
l'automne est mon esprit.
J'aime, le soir venant, m'asseoir tout auprès d'elle,
sur ce roc familier à qui je suis fidèle
oui ! j'écoute chanter la méditerranée,
et scrute tout au fond, son horizon parfait.

J'imagine, plus loin, des contrées ignorées
luxuriantes autant qu'étranges et inviolées,
où seul le chant des becs marquerait la cadence
d'une vie palpitant dans un bonheur intense.

L'automne est ma maison,
l'automne est ma saison.
Je l'attends, chaque année, je le dis : impatient !
Je voudrais quatre fois cette saison par an,
elle pose sur moi sa douce main si lisse
qui apaise mes soifs en m'offrant son calice.

L'automne est ma saison,
l'automne est ma maison.

※

Le véritable amour

Le véritable amour n'est pas celui qu'on vit
quand on a dix-huit ans ou quand on a vingt ans,
le véritable amour n'est pas celui qu'on vit
quand on a la peau tendre et le cœur au printemps.

On ne sait pas encore, on n'a pas su déjà
ce que peut présenter le poids d'un lendemain,
on n'a pas su encore, on ne sait pas déjà
combien peut être long le morceau de chemin.

Le véritable amour n'est pas celui qu'on vit
quand on a dix-huit ans ou quand on a vingt ans,
le véritable amour n'est pas celui qu'on vit
quand on a le cœur tendre et la chair au printemps.

On ne sait pas encore, on ne sait pas déjà
ce qu'un adieu peut faire quand on veut au revoir,
on n'a pas su encore, on ne sait pas déjà
qu'elle est longue la nuit lorsque descend le soir.

Le véritable amour c'est quand on peut donner
tout ce qu'on a en soi sans jamais regretter,
c'est lorsque dans des yeux, dans un simple regard,
on lit l'amour du monde qui redonne l'espoir.

Le véritable amour c'est quand on sait déjà
que demain sera beau, que demain sera là,
c'est lorsque dans un geste, dans le son d'une voix
un torrent de tendresse nous emporte de joie.

Le véritable amour c'est celui que l'on vit
quand on a passé l'âge du printemps de la vie,
le véritable amour c'est celui que l'on vit
à l'automne du cœur, quand on a un peu peur.

Le véritable amour c'est celui que l'on vit
quand au front sont venues les marques de la vie,
le véritable amour c'est celui que l'on vit
quand la chair est moins tendre, mais quand l'âme est jolie.

※

Trente pièces

Trente pièces d'argent ! trente deniers !
sonnante et trébuchante monnaie de trahison,
paiement d'un baiser fourbe non loin des oliviers
l'Iscariote Judas apôtre puis félon
se fit l'exécuteur des prêtres obsédés.

Trente pièces d'argent !
Faut-il vraiment chercher vingt siècles auparavant
pour trouver telle trace de perfide manœuvre ?
Il en est tous les jours et j'ai le sentiment
qu'en tous temps, toute époque, elle eut de la main 'œuvre.

Faut-il se souvenir qu'il n'y a pas si longtemps
parler à un voisin était chose hasardeuse ?
Avoir une amitié pouvait être imprudent
et déplaire à des vues pour le moins insidieuses.

Trente pièces d'argent !
ne nous abusons pas- vigilants, prenons garde-
les séculaires temps ne sont pas révolus ;
Iscariote ou pas, sous d'autres sceaux se fardent
des procureurs infâmes à l'instinct corrompu.

Nostalgiques d'époque où régnaient les corbeaux
pour débusquer les justes soumis à l'hallali,
au nom d'une bannière qui hélait aux lambeaux
d'un ordre plus sacré qu'est la démocratie.

Trente pièces d'argent !
ces pièces n'ont plus cours que dans l'esprit des faibles,
ceux qui n'ont d'avenir que dans leur utopie,
ceux qui se croient toujours les champions de la plèbe
mais qui succomberont car le fruit est pourri.

※

Bretagne

Marquée profond au sceau du roc indestructible,
soumis au vent gwalarn jusqu'au bout de tes terres
tes côtes, à l'océan, ont pu rendre possible
la naissance en ce lieu de marins légendaires.

Breizh Izel ou Uhel !
à juste titre fière des profondes racines
qui s'ancrent fermement dans ton sol séculaire,
depuis Neandertal jamais, sur ton échine,
tu n'as pu supporter le joug des muselières.

Sous la flamme haut portée du Gwenn ha Du altier
ton peuple est aussi fort que le sont tes menhirs ;
quand le cœur de granit est la marque sacrée
nul être, nulle force, ne saurait l'asservir.

La Rose

En pétales épars tout au pied de la branche
ainsi finit la rose, fût-elle rouge ou blanche,
à l'instar des amours défuntes ou éclatées
laissées sur une plage à la fin de l'été.

Est morte la saison des splendeurs éphémères
qu'une vague en ressac raccompagne à la mer,
des premiers ou nouveaux sentiments ressentis
songes dus au soleil, trop vite démentis.

Ainsi finit la rose pourtant crue éternelle
répandue, dispersée, elle qui fût si belle,
comme parfois s'en va un rêve ou un espoir,
lorsque le jour s'éteint pour laisser place au soir.

Il suffira de peu, d'une brise légère,
pour emporter plus loin cette fleur passagère
qui se sait dès son aube sans aucun avenir,
dont ne restera rien, sinon le souvenir.

L'étang et l'océan

Un océan se moquait d'un étang.
Tu demeures immobile, disait-il,
tu ne voyages pas sous l'effet de la lune
d'un bord à l'autre des continents ;
nulle vague ne vient caresser ton rivage.
Moi, je suis un géant et tu n'es qu'une flaque ;
je suis d'un bleu du ciel et ta couleur opaque.
A quoi peux-tu servir ?

L'étang, modestement, répondit en ces termes :
il est vrai, majesté, que je ne suis pas grand,
que mes rives, jamais, ne subissent la houle
et que je ne connais ni marées, ni la foule,
mais le peu que je donne me paraît important.

Vous donnez des tempêtes, j'apporte la quiétude.
La barque, sur mon dos, peut naviguer sereine
sans troubler un instant les doux mots échangés.
Vous ne donnez à voir qu'un seul bord de vous-même,
je permets, quant à moi, d'en distinguer les clés.

Combien de naufragés, sur vos eaux coléreuses,
destins partis confiants, sans être revenus ?
Je ne suis pas géant, mais mon eau est heureuse,
ceux qui s'y sont aimés ne se sont pas perdus.

Voyez-vous, majesté,
ce n'est ni la grandeur ni la couleur des choses,
non plus que leur vigueur qu'il y a lieu de louer,
mais plutôt, oserais-je, sans vous blesser au cœur,
ce qu'elles sont capables d'apporter en bonheur.

Aimer

Aimer l'autre comme jamais soi-même ne s'être aimé.
Aimer l'autre comme jamais d'amour n'avoir donné.
Aimer par sa chair, par son sang, par son âme exaltée,
porter aux nues l'objet de cette gloire
ne sentir, de tout autre, qu'un parfum dérisoire.
N'avoir plus peur ; jadis n'est que poussière.
Retrouver, en un jour, un espoir flamboyant
qui tue l'obscurité et pousse à la lumière,
irrépressible élan.
Aimer l'autre comme jamais je t'aime n'a existé,
aimer l'autre comme jamais les mots n'ont sublimé.
Aimer à l'instant, au futur, sans emploi du passé,
savoir demain un nouveau jour de chance
qui verra dans son aube l'intime ressemblance.
N'être plus qu'un, désormais flamme unique,
se fondre de concert en une seule vie,
n'exister au présent qu'en parfait identique,
entité accomplie.
Aimer l'autre comme jamais soi-même ne s'être aimé.
Aimer l'autre comme jamais d'amour n'avoir donné.
Aimer !

La folie des hommes

Ah ! que j'aimerais que les hommes soient fous.
Non pas d'une démence qui pousserait aux crimes
mais de cette folie qui génère l'estime
l'enjouement, l'allégresse sans aucun garde-fou.

Qu'ils soient fous de la vie, de la fête, du vin,
adeptes de Bacchus et sans modération
fervents de leur famille, plus loin que la passion,
et prodiguent l'amour à qui n'a que chagrin.

L'homme, cet instrument, de qui peut tout paraître
transformé, d'un seul coup, en invincible cœur
devenu pour ses pairs la source du bonheur,
muté, dans son transfert, en bienfaiteur des êtres.

Je voudrais, voudrais tant, que les hommes soient fous !
Aliénés, désormais, au seul concept du bien,
enjoués à l'idée de n'être plus contraints
de se vêtir de mal, n'en avoir plus le goût.

Festoyer, ripailler plutôt que guerroyer
un vocable nouveau- devise originale-
qui viendrait remplacer les maximes martiales
aux frontons officiels et de chaque foyer.

Ah ! que j'aimerais que les hommes soient fous.

Mon ciel

Mon ciel, tel qu'aujourd'hui, n'est plus ce qu'il était,
profond, inaccessible, d'un bleu immaculé,
portant dans son azur en gracieuses arabesques
le vol des oiseaux libres et immortels ou presque,
qui s'en vont, quelquefois, en emportant un cœur,
rejoindre des contrées ou tout n'est que douceur.

Mon ciel, tel qu'aujourd'hui, n'est plus ce qu'il était,
hier encore confident, hier encore sublimé,
appelé de nos vœux, complice de tes yeux,
porteur de nos souhaits, jusqu'au plus près des dieux,
par delà l'infini des océans stellaires,
pour atteindre au plus haut la source de lumière.

Mon ciel, tel qu'aujourd'hui, est un ciel sans couleurs
l'astre de mes journées n'est plus rien que pâleur,
l'hirondelle insouciante a fui mon horizon
emportant ton image, laissant la déraison.
Et lorsque vient le soir, lorsque vient l'inconnu,
nulle étoile, nul astre, ne brille plus aux nues.

Mon ciel, tel qu'aujourd'hui, est un ciel orphelin
qui cherche une réponse aux pourquoi d'une fin,
tant de questions lancées, emportées par le vent,
qui n'auront pas d'écho, qui resteront néant,
perdues, ensevelies, inexorablement,
comme une vie se perd quand un amour se rend.

Dresse-toi !

Homme, dresse-toi !
Ne reste pas prostré, tu es l'un d'entre nous.
Nous sommes héritiers d'une poussière unique,
nos gènes, nos couleurs, sont une mosaïque
un drapeau déployé d'Êtres libres et debout.

Lève-toi ! Vois le monde !
ne crains pas de marcher parmi les différences
elles ressembleront aux reflets de ton cœur
prends-les comme une joie, un intime bonheur,
la multiplicité nous est comme une chance.

Regarde-nous, n'es-tu pas identique ?
Ta vie, ta peau, ton sang, nous sont-ils étrangers ?
Rien, nul iota ne saurait diverger
alors hausse la tête, rien ne vaut que tu abdiques.

Homme, dresse-toi !
Ne reste pas tout seul, ne crois pas que tu l'es,
nous sommes, par millions, des enfants de la Terre
nés d'un acte d'amour, d'un même élémentaire,
sosies, parfaitement, devant l'éternité.

Tends ta main, ose faire !
une autre main tendue viendra à sa rencontre
apportant au contact une douce chaleur
qui saura t'envahir et chasser toute peur,
saisis-la ! serre-la ! ne va pas à l'encontre.

Va de l'avant ! va vers l'autre où qu'il soit,
la porte s'ouvrira sans besoin de frapper,
parce que tu porteras la parole de paix
dont il n'est pas besoin de traduire l'emploi.

Homme, dresse-toi !
viens rejoindre tes pairs ! ils t'attendent, ils sont là !
ensemble, quelle union ! quelle force invincible !
ensemble, n'être qu'un, tout n'est plus impossible,
au sortir de ta nuit le jour se lèvera.

※

Vis !

Mets des couleurs sur le noir qui t'habite
ne subis plus l'instant, ton futur le mérite.
Tu ne connais du temps que les heures écoulées,
regarde vers l'avant, et toutes ces années !

Ces années qui verront ton cœur retrouver vie
battre fort de nouveau, palpiter à l'envi,
ces années t'apprendront ce qu'est le vrai bonheur
tu souriras, je sais, à ton passé de peurs.

Ces peurs qui, aujourd'hui, t'empêchent de bien vivre
disparaîtront, sois sure, comme fond notre givre
lorsqu'un rayon du ciel se pose sur son lit ;
ces peurs n'ont de valeur que si tu les oublies.

Tu ne vois pas comment te sortir de tes miasmes,
la seule solution t'appartient, si tu veux.
Dans ton cœur, dans ta vie, ce sera l'enthousiasme
réalise le bleu qui t'attend dans tes yeux.

Celui que tu mérites est en route vers toi
même si, aujourd'hui, tu ne t'en rends pas compte,
il est là, quelque part, tu le verras, crois-moi !
celui qui saura voir, en toi, celle qui compte.

Alors, mets des couleurs sur le noir qui t'habite,
efface la noirceur des songes parasites
emplis d'un arc-en-ciel ton destin pour demain,
hier est mort, enterré, vis ta vie, ton chemin,

car il te conduira, sans aucun doute aucun,
vers des cieux plus cléments où deux ne font plus qu'un,
vers des cieux plus cléments où un regard sur Toi
aura cette douceur qui ne sera qu'à Toi.

※

Rien n'a changé

Depuis bien des saisons, depuis bien des années,
depuis bien des soleils pour nous rien n'a changé.
Notre douce maison au creux de la vallée,
ton jardin aux merveilles, scintillant de rosée.

Depuis bien des étoiles,
depuis bien des matins,
depuis bien des refrains
pour nous, rien n'a changé.

Pour nous rien n'a changé, ni le temps, ni l'espace,
ni les mots, ni le cœur, ni les heures qui passent,
pour nous tout est pareil, pour nous rien n'a changé
chaque instant de nos jours
est un hymne à l'amour.

J'aime ton doux visage au sourire d'enfant,
lumière de mon âme, musique de mon chant.
j'aime tes mains plus belles que le plus beau printemps,
ton cœur est aquarelle aussi pur qu'un diamant.

Le bonheur, il me semble,
t'a fait naître à la vie,
le bonheur te ressemble,
le bonheur t'a choisie.

Depuis bien des saisons, depuis bien des années,
depuis bien des soleils, pour nous rien n'a changé.
Ni les nuits de tendresse, ni nos veillées d'hiver
qu'une flamme caresse pour nous tout est pareil.

Pour nous rien n'a changé.
Nous deux, depuis toujours,
c'est un hymne à l'amour.

L'homme et l'arbre

Il ne restait qu'un arbre
il ne restait qu'un homme
Le grand Jardin de Dieu se trouvait désolé.
Il ne restait qu'un homme
Il ne restait qu'un arbre
La folie de l'atome avait fait son effet.

Il ne restait qu'un arbre
il ne restait qu'un homme
L'arbre était plein de vie, l'homme était fort et beau,
l'arbre était son abri, son havre, son hameau.
Mais l'arbre était très haut et l'homme en fut fâché
il n'admit pas, l'idiot, de se voir dépassé.
L'ombre du compagnon, l'ombre de son feuillage,
attisa la passion de l'être irraisonné.

L'arbre fut dépouillé, d'une hache sauvage,
de la base au sommet par l'homme, dans sa rage.
Mais le tronc demeurait pointant sa cime aux cieux ;
cette grandeur gênait ! L'outil frappa au mieux !
L'homme vit, à ses pieds, étalé "l'adversaire"
gisant, démantelé, éparpillé à terre.
Il serait désormais le plus haut, le plus grand,
nul ne contesterait sa splendeur de géant.

A partir de ce jour l'arbre, putréfié,
ne fut plus le secours du bipède insensé.
Le soleil l'accabla, les pluies le transpercèrent,
les vents chauds, les vents froids, les brises l'achevèrent.
Il ne resta ni arbre
Il ne resta ni homme
Le grand Jardin de Dieu se trouva déserté.
Stultitiae humanae ambitionis!

Ah! madame...

Ah ! peu sérieuse vous le fûtes, madame,
lorsqu'en vos jeunes temps, étincelante étoile,
vos nuits et vos journées dédiées aux passions
vous menaient allégro, avec obstination,
courir le guilledou dans la soie de vos toiles.

Oui, peu sérieuse vous fûtes.
Vous eûtes mille amants, vous eûtes mille flammes,
lorsqu'une se mourrait une autre s'attisait,
votre alcôve abordée ne laissait pas blasés
les visiteurs, nombreux, qui y baignaient leur âme.

Vous vivez aujourd'hui du souvenir lointain
de ces messieurs guindés prompts à vider leurs poches ;
pour vous, importait peu qu'ils soient mignons ou moches,
leurs largesses attendues vous les rendaient bon teint.

Ah ! peu sérieuse vous le fûtes, madame,
lorsqu'en vos saisons douces vous aimiez les caresses,
vous aimiez les regards, les frôlements secrets,
dans les bois, au ciel bleu, loin des yeux indiscrets,
quels que furent les lieux, il vous fallait l'ivresse.

Ah ! peu sérieuse vous le fûtes, madame,
oui, peu sérieuse vous fûtes,
autant que vous le pûtes.

Aux Mineurs de Sainte-Maime en Luberon

Saint-Maime, Bois-d'Asson, ombres du Collet-Rouge.
Saint-Maime en Luberon, ombres du Site-Haut.

Hommes grimés de nuit jusque dedans vos pores,
tatoués de néant irrémédiablement.
Hommes du fond du puits, étiez-vous Hommes encore
dans ces boyaux suintant l'anéantissement ?

Certains venaient de loin espérant l'exorcisme,
Italiens, Polonais, Ibères, Maghrébins.
Beaucoup fuyaient la faim, tant d'autres le fascisme,
de partout l'en venait rejoindre ceux du coin.

Pliés, couchés, rampant dans la tripe terrestre,
vous avez cher payé votre droit d'exister
en concédant au temps, en éternel séquestre,
votre chair, votre sang, vos plus belles années.

Là-haut : la vie ! le ciel, le jour,
le rythme lent des semailles aux moissons,
le rythme lent de l'automne aux bourgeons.
La Cité – oasis- Largue aux rives distorses,
vos femmes affairées attendant le retour,
les rires de vos fils confiants en vos forces,
là-haut dans l'azuré le salaire d'amour.

Le Bourg résonne encore de vos jours de colère
quand de rouge drapés, le poing tenu au bleu,
vous entonniez si fort l'Immortelle Ouvrière
qu'un bout d'éternité se faisait silencieux.

Vous serez toujours là, images impérissables,
Bâtisseurs d'Avenir, Fondateurs du Futur,
vous serez toujours là en exemple immuable,
nul ne saurait mourir qui repousse l'obscur.

Les trente poisseuses

Où sont donc ces années que l'on disait glorieuses ?
Les avons-nous vécues, les avons-nous rêvées ?
Où sont ces décennies qui furent si heureuses
par quel sort maléfique se sont-elles envolées ?

La planète a muté en royaume d'argent
régi par des élites qui en tirent profit
de quelque bord qu'ils soient, ils se montrent friands
non seulement des ors, mais des aubaines aussi.

Sur nos trottoirs jonchés de vies à la dérive
comme il est, aujourd'hui, trop souvent dans nos bourgs,
se perdent des destins, misère en perspective,
ils étaient travailleurs, ils n'ont plus de recours.

Victimes méprisées d'un magma bien-pensant
qui ne se soucie guère que du chaud de son gîte,
associant volontiers mutilés et fainéants
sans chercher à savoir quel malheur les habite.

Mortes, ensevelies, les trente si glorieuses,
sont nés depuis longtemps les égoïstes temps
que l'on pourrait nommer les trente années poisseuses
et qui ne laissent place qu'aux seuls sables mouvants

abritant une faune digne du jurassique
où, cela va de soi, le plus faible est perdu ;
face à tant d'appétits qui n'ont rien d'empathique,
les poisseuses années ne sont pas révolues.

Il parlait toujours du soleil

Il parlait toujours du soleil, le petit homme sur son banc,
il racontait toujours pareil, sa vie, ses voyages aux passants,
pour une pièce de monnaie, pour une bouteille de vin,
il t'emmenait vers des contrées dont il se disait souverain.

Il parlait toujours du soleil, le petit homme sur son banc,
de sables chauds, couleur de miel, de pays bleus, de goélands,
près du Jardin des Tuileries par tous les vents il était là,
un vieux carton servant d'abri était son lit, son dernier toit.

Il parlait toujours du soleil, le petit homme sur son banc,
il racontait toujours pareil à qui voulait perdre un moment,
il connaissait les mers, les îles, les océans et les déserts,
il était roi, te jurait-il, d'un paradis loin de l'hiver.

Il parlait toujours du soleil, le petit homme sur son banc,
par tous les temps, par tous les ciels, tu pouvais le voir, voyageant,
il n'arrêtait pas de conter les aventures de sa vie,
lui qui n'avait jamais quitté les bords de Seine de Paris.

Dans un matin, triste à pleurer, le petit homme sur son banc
s'est endormi pour s'en aller vers son ailleurs de cerf-volant,
il est parti vers le soleil, sans bruit, sans peur, tout doucement,
il est parti vers son soleil, le petit homme sur son banc.

Sahara

Océan d'un autre âge écrasé de lumière,
aux vagues gigantesques brûlantes comme feu,
tes horizons volages jouent avec les frontières
dans un drapé mouvant indomptable et fougueux.

Perle d'un continent par les dieux sublimée
tu traverses le temps dans le vent parfumé,
Sirocco qui te vient du plus profond de toi
emportant tes senteurs en Méditerranée.

Océan d'un autre âge écrasé de lumière,
imperturbablement, dans ton immensité,
certitude tranquille de ton éternité
de tes siècles engloutis tu gardes les secrets.

Quand tout semble fini se dresse une île fière,
accueillante oasis, fraîcheur insoupçonnée,
aux sources de musique, envoûtante et légère,
aux fruits faits de douceur, d'ineffable beauté.

Océan d'un autre âge, lorsque le jour se perd,
souvent dans ton lointain défile une croisière,
les Seigneurs du voyage, Princes héréditaires,
lentement, dans le soir, glissent vers leurs mystères.

Tu as aimé l'Italie

Tu as aimé l'Italie,
l'Italie t'a aimée.
Les canaux de Venise,
le Pont du Rialto,
les gondoles exquises,
Lido di Jesolo.

Tu as aimé l'Italie,
l'Italie t'a aimée.
Sur la grève de sable,
l'onde tranquille est captivée
par cette grâce inexprimable
que la nature t'a donnée.

Tes cheveux sont légers,
caressés par la brise
et volent comme voguent
voiliers au gré des flots
tandis que le soleil, à l'horizon, s'enlise.

Sur la plage adriatique, Béatrice,
la vague est douce à tes pieds nus.
Pour toi, le flot se fait musique
symphonie ininterrompue.

Sur la plage adriatique
la mer, conquise, vient jusqu'à toi
déposer à tes pieds, en mousse mosaïque,
son écume éphémère qui veut mourir de toi.

Sur la plage adriatique, Béatrice,
l'écume mosaïque s'en vient mourir de toi.

Approche du miroir !

Approche du miroir !
les vois-tu sur ton front
ces lignes qui sinuent
comme autant de sentiers, de monts et de vallées ?
Ne crains pas de les voir
elles sont de ton œuvre.
Tu les as façonnées avec application,
ciselées, modelées, sculptées
à l'image des jours, des chemins empruntés,
passions, émotions ou quelque autre souci ?
Empreintes irrémédiables, labels définitifs,
à jamais tatoués par l'encre de ta vie.
Approche du miroir !
ne crains pas ton image.
Ces lignes sur ton front forment ton parchemin,
grand cahier illustré.
Feuillette chaque page
depuis l'introduction.
Tu y découvriras des moments oubliés,
effacés, omis, désappris,
au détour d'une allée bordée de vains espoirs,
promesses d'un meilleur qui n'a pas vu de soir ?
Tu y découvriras des moments admirables
attendus, vécus, magnifiés,
au détour d'une voie ouverte à tes désirs,
promesses d'un meilleur que tu sus apporter ?
Tes stries forment ta Bible, ton Livre, ton Écrit,
Genèse pour prélude, Jugement pour finir ;
mais dans ce dernier cas, regarde ton miroir,
tu y verras ton juge, c'est lui qui répondra.
Approche du miroir !

Après le Rubicon

César et sa Légion, vainqueurs des fiers Gaulois,
en franchissant le fleuve vers un destin glorieux,
mirent Rome à genoux et Pompée aux abois ;
neuf semaines plus tard, la Botte était à eux.

Pour achever la tâche ils iront jusqu'en Grèce
soumettre dans le sang le belliqueux rival ;
Antoine se joignit à l'œuvre vengeresse
qui vit César vainqueur d'un combat inégal !

Bien qu'en nombre inférieur aux troupes de Pompée
les combattants des Gaules, fidèles au Général,
se donnèrent si fort, qu'avant la nuit tombée
ils devinrent seuls maîtres du site de Pharsale.

Pompée s'est échappé vers l'Egypte lointaine
qui sera son tombeau ; le prudent Pharaon
n'osant pas défier les lauriers en diadème,
mit un terme à sa vie, et mua d'opinion.

César, perfidement, s'offensa de ce geste
et offrit, grand seigneur, à son défunt égal,
des funérailles augustes, les écrits en attestent,
avant, de Pharaon, en faire son vassal.

La suite de l'histoire, est bien plus romantique
la sœur de Pharaon, au visage si beau,
mènera par son nez, par des jours idylliques,
le plus grand des guerriers, devenu un agneau.

Austerlitz

Après avoir leurré savamment l'ennemi
lui laissant espérer une faiblesse en nombre,
il les convainc encore par un savant repli
qui leur fait espérer châtier sans encombre.

Abandonnant Pratzen, sur ordre médité,
comme pour souligner son impuissant pouvoir,
ce repli déguisé incita les alliés
à, immédiatement, saisir le promontoire.

Toujours dans son dessein d'abuser l'adversaire
il délégua vers eux l'estafette de paix
qui revint l'enseigner que son but d'émissaire
était demeuré vain, ainsi qu'il l'espérait.

L'Autriche et la Russie, fières de leur présage,
depuis le haut relief, sans se faire appuyer,
déferlent vers Davout, au pied des marécages,
un flan droit affaibli pour les y attirer.

Et pendant ce temps-là, l'aile gauche française,
confiée aux destins de Lannes et de Murat
enfonce Bagration en haut de la falaise
pendant que Soult, au centre, enchaînait les hourras !

Perdus corps, âmes et biens dans les marais gelés
soldats éparpillés, tant de corps qui s'enlisent,
privés de leurs élites, enfuies se protéger,
ils furent les vaincus au soleil d'Austerlitz.

Napoléon- le Grand !- venait de confirmer
qu'il était, face à tous, face aux nations fielleuses
le Chef plus qu'adulé, le stratège éclairé,
le Génie sublimé d'une armée victorieuse.

Où sont-ils donc ?

Où sont-ils donc passés, que sont-ils devenus ?
Les as-tu délaissés à quelque coin de rue
ou, par simple ignorance, les as-tu méconnus ?

Chacun porte les siens, les entretient, jaloux,
tu as perdu les tiens, tu ne sais dire où
à moins, qu'en ta mémoire, ils ne se soient dissous.

Tu es certain, pourtant, d'en avoir possédé ;
il fût un temps, je crois, où tu échafaudais,
confiant, patiemment, tu les édifiais.

Où sont-ils donc passés ? Par quel grotesque sort
ne peux-tu recouvrer tes délires d'alors,
puisque tu les portais dans un total accord ?

As-tu abandonné par manque de courage,
par manque d'ambition- un livre, trop de pages-
ou les as-tu quittés comme on perd son bagage ?

Peut-être vivaient-ils au rang du chimérique ;
as-tu été gourmand ou pas assez modique ?
A trop danser parfois, on en perd la musique.

Où sont-ils donc passés, que sont-ils devenus
où sont-ils donc passés, où les as-tu perdus,
tes rêves ?

Débarrasser !

Plutôt que de se perdre en vaines interrogations,
le "pourquoi", le "comment" ou le "aurais-je pu ?",
il existe un moyen, une vraie solution,
débarrasser sa table de ce qu'elle a dessus.

Virer les soupes à la grimace et les couteaux tirés
les verres et les tasses emplis de fiel drainé
virer le pain rassis par faute de partage
et ce beurre ranci comme rancœurs sans âge.

Se défaire des miettes qui constellent à l'envi,
les assiettes, les plats, vidés de leurs appâts
et qui ne semblent plus qu'un décor pour l'ennui
quand il n'y a plus de sel, de poivre et cætera.

Se décider enfin et partir aux emplettes
renouveler à fond tout ce qui portait tort,
abreuver son esprit de mots qui font la fête,
en chasser les questions et les idées de mort.

Dresser, après cela, une nouvelle table
qui saura, mieux qu'hier, susciter l'appétit,
du pain frais, du bon vin, des épices à la diable
et déguster tout ça avec de vrais amis !

Ce n'est pas beau la vie ?

Le Grenadier

Blessé plus qu'il n'en faut pour caresser l'espoir,
l'âme désespérée de ne plus rien pouvoir,
Grenadier victorieux sur tant de vastes plaines
sous les yeux du Géant, son Dieu de forme humaine,
il aperçut de loin, au milieu du fracas,
l'immense frondaison qui lui tendait les bras.
Saule majestueux, rescapé des bombardes,
aussi fier qu'hier, encore, l'était la Vieille Garde,
dressé comme une insulte à la coalition,
l'arbre, dans sa splendeur, se jouait des nations.
Blessé plus qu'il n'en faut pour voir naître demain,
l'âme désespérée de n'y pouvoir plus rien,
soldat cent fois nimbé sur les champs de bataille,
il s'adossa, vaincu, au tronc nu de mitraille.
Revenaient comme un rêve, devant ses yeux mi-clos,
Arcole, Rivoli, Austerlitz, Marengo,
avant que doucement et sans aucune peur
son ultime soupir appelle l'Empereur.
Sous le saule pleurant pour n'être que pleureur
descendant jusqu'en bas sa pluie de larmes vertes,
s'endormit le héros, le pauvre corps inerte,
laissant là, au néant, le soin de son honneur.

Les bas-fonds

Dans le bas-fond des âmes
là où stagnent les tourbes,
les alluvions, les flammes,
où les raisons s'embourbent,
s'amoncellent fureurs
amertumes et haines,
celles qui tuent le cœur
qui dominent et enchaînent.

Y règnent en seigneurs
les vilenies abjectes
les sordides rancœurs
les sentiments infects,
funestes excréments
de la nature humaine,
maîtresses et amants
de nos noires fontaines.

1914-2014 Centenaire de la Grande Guerre : Hommage
illustrations Jean-François GALEA
Editions BoD- Books on Demand

Disponible en librairie

NOTES